T0088905

Poems from Abakwa in Cameroon Pidgin English

Peter Wuteh Vakunta

Langaa Research & Publishing CIG
Mankon, Bamenda

Publisher:

Langaa RPCIG
Langaa Research & Publishing Common Initiative Group
P.O. Box 902 Mankon
Bamenda
North West Region
Cameroon
Langaagrp@gmail.com
www.langaa-rpcig.net

Distributed in and outside N. America by African Books Collective
orders@africanbookscollective.com
www.africanbookscollective.com

ISBN: 9956-792-23-3

© Peter Wuteh Vakunta 2015

DISCLAIMER
All views expressed in this publication are those of the author and do not necessarily reflect the views of Langaa RPCIG.

Dedication

For all the Pidginophones living on the Cameroonian hunchback

Table of Contents

Preface

Poems from Abakwa in Cameroon Pidgin English is the poet's attempt at capturing in print the speech mannerisms of the proverbial man in the street. Pidgin English, also called Cam-Tok, is a lingua franca spoken throughout the national territory of Cameroon and beyond. Of the 200-odd languages that we speak, only Pidgin enjoys the rare privilege of being spoken by people from all social strata and ethnic groups. Pidgin has acquired the status of an independent language in Cameroon.It is no longer restricted to small talk, business and music; it is now the language of Anglophone Cameroonian literature. Francis Nyamnjoh, Patrice Nganang, Mongo Beti and Gabriel Fonkou to name but a few,tend to imbue their literary works with Pidgin English and Camfranglais, the language that Mercedes Fouda calls 'le camerounais'(2001).These creative writers constantly resort to pidginization as a mode of linguistic and cultural appropriation.

This anthology is inspired by the poet's desire to salvage a language that has been subjected to denigration on account of its being non-standardized.Pidgin English translates not only the worldview of Cameroonians but also their sensbilities and lived experiences.Well educated Cameroonians now resort to Pidgin English for the purpose of phatic communion in informal contexts. To put this differently, they use Pidgin in order to ensure group solidarity and to reinforce a sense of belonging.Although for a long time, Pidgin has survived as a lingo used mostly by the uneducated and semi-literate, this mixed language has now gained currency among the educated in Cameroon. It is important, I believe, to conceive of language mixing as an attempt to make language respond more realistically to the prevailing circumstances under which discourse takes place. It's no longer equated with imperfectly learned English. Most importantly, it has become a mother tongue for children born to parents from different ethnic backgrounds.

Cam-Tok

Oyibo pass we for grammar,
We pass dem for Camfranglais!
For Ngola,
You wan tchop,
You go daso tok sei:
Massa, I wan dammer.
For we own kondre,
You wan axe youa kombi sei:
Bo'o, wheti you di fia sef?
You go daso tok sei:
Capo, tu fia même quoi, non?
Na so dis we own langua dei.

Mukala pass we wit Fransi,
We pass dem wit Cameroonese,
Driver wan tok sei,
Dis moto no get book,
Yi go daso tok sei:
L'homme, dis tapi na clando.
You wan tok for youa small brother sei:
Mek we go, you daso tok sei:
Petit, vient on go.
Na so dis we own Camerounisme dei.

Yoruba dem pass we wit O káàrò!
We pass dem wit Cameroonianism.
You wan tok for youa friend sei,
You wan baratiner some nga,
You go daso tok sei:
Tara, I wan tchatcher da moumie.

Na so dis we own tchat dei.

Spanish pipo dem,
Pass we wit Hola!
We pass dem for Camerounais.
You want tok sei:
Dis akwara done drink ma mimbo free of charge,
You just tok sei,
Mola, da mbock done sule ma jobajo njoh.
Na so dis we own LINGO dei.

German pipo dem,
Pass we wit *Guten Morgen!*
We pass dem for Majunga Tok.
You wan tok sei,
Dis shumbu foolish taim no dei,
You go tok daso sei,
Dis tara na popo mbout.
Na so Majunga Tok dei.

Swedish pipo dem
Pass we wit God morgon!
We pass dem for Cam Tok.
If you sleep for upside,
Youa mombo axe you sei,
Massa, na which side you nang today?
You go tell yi sei,
Mbombo, I done nangaboko auday.
Na so Kam-Tok dei.

Italian dem
Pass we wit Buon giorno!
But we pass dem wit Camspeak.

You wan tok sei,
Dis woman na ma njumba,
You go daso langua sei:
Dis titi na ma deuxième bureau.
Na so Camspeak dei.

Russian dem,
Pass we wit Dobroye utro!
We pass dem wit Pidgin.
You wan tell youa oyibo friend sei:
I am going to give this police officer a bride,
You go daso gist yi sei:
Massa, I wan tchoko da mange-mille.
Na so dis we own tori dei.

Zulu dem,
Pass we wit Umhlala gahle!
We pass dem for à tout casser tok.
You wan tok sei:
Da katika di mek daso hop eye,
You go daso tok sei:
Da djintete di mek na daso sissia.
Na so we own tok for Cameroon dei.

Na some tete for long crayon be tok sei,
"When in Rome do like the Romans".
From for dat no,
I tok ma own sei:
When in the Cameroons,
Tok as the Camers do!

Kwara-Kwara

Kwara-kwara!
Kwara-kwara!
Dis ting wey dem di call'am
Kwara-kwara na wheti sef?

Kwara-kwara,
Na bed for some pipo,
Na place for nang for pipo
Wey dem own no dei.
Man pikin wey yi no get mburu for yang bed,
Na daso for Kwara-kwara yi di nang.

Kwara-kwara,
Na doormot for some *individus* dem,
Woman pikin wey yi no get doormot
For yi long yi de take daso
Kwara-kwara lock yi doormot dei.

For market,
Kwara-kwara na place wey
Bayam sellam di put kaku before dem sellam.
You wan pass for any side,
For Bamenda chop market,
You go daso ya beyam sellam,
Dem di cry sei:
Massa take'am tisam,
Ngondere take'am goûter,
Missus take'am hia youa mop.

4

Wheda na beef dem di sellam-oh,
Yi dei daso for ontop kwara-kwara,
Wheda na miondo dem di sellam-oh,
Yi dei daso for ontop kwara-kwara,
Wheda na njama-njama dem di sellam-oh,
Yi dei daso for ontop kwara-kwara,
Wheda na foot cow dem di sellam-oh,
Yi dei daso for ontop kwara-kwara,
Wheda na egusi dem di sellam-oh,
Yi dei daso for ontop kwara-kwara,
Wheda na pumky leaf dem di sellam-oh,
Yi dei daso for ontop kwara-kwara.

You wan go sef for *marché* Mokolo-oh,
Na daso ontop kwara-kwara
Wey *sauveteurs* dem di toum dem *aff.*
Wheda na okrika,
Or na *tout neuf,*
Wheda na *pantalon,*
Or *chemise,*
Wheda na *caleçons,*
Or na *jupe,*
Na daso for ontop kwara-kwara
Wey dem di sellam.

You go sef for Nkouloun Market-oh,
Or you go na for Munya Market-oh,
You go daso nye kwara-kwara for grong,
Wit pear, mango,kwa-coco,bobolo,*patati patata*
Wit all kain by kain chop wey
Dem dong put'am for kwara-kwara,
Dem di sellam for pipo.

Kwara-kwara,
Yi di wok kain by kain wok,
Some man be buy yi two woman,
But yi no be get nchou for yang two bed.
Na daso for kwara-kwara
Wey number two woman di nang.
Taim wey yi wan knack kanda
Wit number two woman,
Number one woman go nang daso for kwara-kwara,
Number two woman go jump for bed.

Turu-turu, kwara-kwara,
Na popo jack-of-all trade,
But massa-of-none!
Some tara be get yi njumba for quat;
But yi no be get long for knack kanda.
Taim yi wit yi titi dem wan knack kanda,
Dem go daso take kwara-kwara enter for bush,
Da mean sei dem go enter hotel for dong pipo,
Na so kwara-kwara yi di helep we,
Pipo wey dem own no dei.

If you tie youa hose;
But you no get *nkap* for
Yang corrugated iron sheet,
Mek you no knack skin,
Mek you daso go see Pa Kwara-Kwara.
Yi go toum you poor-man zinc
Wey you go take'am go tie youa hose.
Wusai palava dei?
Kwara-kwara na magic!

Tif-Tif!

Tif man na popo come no go.
Na some ma complice for Ndu
Be tok yi ting sei:
Tif man die, tif man bury'am.
Some panapu no pass dis wan.

For Ongola,
Tif fullup for all side,
All man na tif man:
Patron tif,
Planton tif,
Boss tif,
Messenger tif
Na so 'government of the thieves
By the thieves
And for the thieves'yi dei.
Dat is the gospel according
To Saint Mbiya Mbivodo!

Commissaire de poice tif,
Sans galons tif,
Superintendent of police tif,
Police constable tif,
Capitaine for zangalewa tif,
Foot soldier tif.

Dem sei if youa broda
Dei for ontop stick yi di tif,
You must kop nye forseka motoh no moh.
Dem sei if Grand Katika tif,

You must kop nye forseka sei,
Le *coup de tête* du Grand Katika
Fit mof youa own garri for mop.
Na so di law according to Mbivodoism dei.

For Ambasonia,
Tif done pass mark-oh!
Woman pikin tif,
Man pikin tif,
Repe tif,
Reme tif
Grand frère tif,
Petit frère tif,
Tchotchoro tif,
Vieux capable tif,
Na so tchop-broke potism dei!

For Nooremac
Tif na helele=oh!
Na some ma tara be tok sei jam pass die.
Dem tif nchou for bank,
Dem tif melecin for hospita,
Dem tif moni for school fees,
Dem tif tax moni,
Dem tif stick for Yabassi black bush,
Dem tif oya for Sonara,
Just now dem wan tif sef Bakassi!
Na waa for Mbiya Mbivodo-oh!

Tif man na Manawa-oh!
Tif man di lie sote pass tif dog.
Tif man fit toum sef yi own mami.
Tif man di tok daso wit wata for inside yi mop,

Tif man sitdown for youa long,
Na so yi eye go di pass pass
Like sei yi hia na bad news.
Yi di daso check de ting
Wey yi go kick before yi commot.
Tif man na come no go,
Na sick man number one!

Na yi mek tif pipo dem
Get kain by kain name:
Tchong,
Bandit,
Voleur,
Coupeur de route,
Barawo,
Leuh,
Thief,
Robber
Feyman,
Kick man,
Ngong.

Bakassi Tok

No man land,
Na who get da land?
Na Cameroon or na Nigeria?
Mek some man wey wata
Dei for yi kongolibon head,
Mek yi tell we de turu tori.

Pikin for Ako-Aya,
Na who get da land?
Wuna di meng pikin for
Akwa-Ibom for nating!
Pikin for Akwa-Ibom,
Na who get da land?
Wuna di meng pikin for
Ako-Aya for nating!
Dis wan y mean sei wheti?
Broda di kill broda,
Na wheti be di troble?
Sista di kill sista,
Na wheti da wan mean?

El Hajj Ahmadou Ahidjo,
We di wait you mek you
Commot for bury grong come tell we
Wheti be all dis wahala.
General Yakubu Gowon,
We di wait you mek you come tell we
Wheti be all dis wuruwuru,
Lord Lugard
We di wait you mek you come tell we

Youa own tori.
Wheti be all dis barlok!
Na who go quench dis fire?
Ein! Ein! Na who?
Na UNO? Na AU? Or na we sef?

Fire dei for all side!
Mami Africa di burn!
Fire! Fire! Fire!
Side by side!
Na who go helep Cameroon?
Na who go helep Nigeria?
Na who go helep Mama Africa?
Na who go fix di Bakassi Palava?
We wan sabi just now!

Biabia Bank

For dis grong,
We get kain by kain bank dem.
We get Amity Bank,
We get Cameroon Bank,
We get sef Credit Union Bank.

For Oyibo Kontri,
Dem get bank like san-san.
Dem get World Bank,
Dem get International Monetary Fund,
Dem get Capital One Bank.
Dem get Chase Bank.
Dem get Bank of America,
Dem get sef Federal Reserve Bank.
Na soso bank fullup side by side.

BUT

King for all dis bank dem,
Na da one wey dem di call'am
Sei Babia Bank.
Dis Babia Bank na wandaful!

You want enter for inside Babia Bank,
You must mof all youa mboti
For youa skin sotai you tanap
How wey Papa God yi be mek you!
Na so Babia Bank dei.

For inside Babia Bank,
Na daso woman pikin dem
Di wok for dei.
If you no be nga,
You no fit wok for Babia Bank.
Na so Babia Bank dei.

For inside Babia Bank,
Pen no dei for write Book,
Sef paper no dei.
All klark for Babia Bank
Dem daso write book with dem foot.
Babia Bank na wandaful!

For Babia Bank,
You daso put nchou
But you no fit mof'am!
Na so Babia Bank dei.
If you meng sef youa own pikin
No fit go mof youa mburu wey
You be put'am for inside Babia Bank.
Dis Babia Bank na helele-oh!

For Babia Bank,
You enter you want commot,
You must vomit,
Dis wan no be joke!
No check sei na for upside
Wey you go vomit,
No-oh! Na daso for inside Babia Bank
Wey you must vomit,
Before you commot!
Na so Babia Bank dei.

13

For babia Bank,
Yi be like sei all customer
Dem di sick na beleh sick.
Soso vomit, soso vomit.
Babia Bank na wandaful-o!

For inside Babia Bank,
Pipo dem no di tok wit mop,
No-oh! Na daso wit hand and foot
Wey dem di tok.
Yi dei like sei customer
For Babia Bank dem be na mumu.
Babia Bank na wandaful!

For Babia Bank,
Some big, big massa tanap for doormot
Yi kokobioko head di shine like moon.
Dis Man yi name na Massa Libido.
Massa Libido di daso tok say:
Présentez-vous messieur!
Da means sei:
Moni for hand back for dong.
Babia Bank na wandaful-o!

If you no di ya A TOUT CASSER tok,
Massa Libido go tok sei:
Show youa particulars sah,
Da mean sei mek you show
Youa bangala for yi!
Na so Babia Bank yi dei.
Dis bank dung pass ma sense.
How for you no?

14

Half-Book

Youa repe be send you for sukulu,
Sei mek you go land book
Mek youa eye cring,
But no be youa head dung deny book?
Just now you no fit get fain wok,
Soso wok mbambe, daso mbambe!
Na so half-book dei.

Youa reme be send you for école,
Sei mek you go land book,
Get popo wok ton back come helep yi,
But taim wey you reach for école,
No be you lef book jump
For man pikin dem back?
Look now, you no fit get beta wok,
Soso wok ashawo, daso wok mbock!
Side by side you di daso wok wolowoss
Na so half-book dei.

Youa uncle be send you for Ngoa-Ekelle,
Sei mek you go land book
Ton back come helep fambru
But no be youa head dung deny book?
Just now you fit get wok?
Soso wok feyman, soso waka play djambo,
Soso waka tif tif.
Feymania na youa own office.
Na so half-book dei.

Youa antie be send you for Escuela,
Sei mek you go land book
Come be some big man,
But taim wey you reach for dei,
You daso di smoke banga.
Just now you no fit get popo wok,
Daso wok bendskin,
Youa tchotchoro broda do pousse-pousse,
You sef do bendskin!
Yas, na so half-book dei.

Youa grandpa be send you for njianwoneuh,
Sei mek you go land book
Ton back come helep all man for fambru,
But taim wey you reach dei,
You daso soule jobajo,
Just now you no fit get wok,
Soso wok bayam sellam,
Ein hein, na so half-book dei.

Youa grandma be send you for makaranta,
Sei mek you go land book,
Come mof pipo for suffa,
But taim wey you reach for dei,
You soso run for akwara dem back,
Look now, youa own wok na daso chargeur.
Ouais, na so half-book dei.

All taximan dem-o,
All ashawo dem-o,
All akwara dem-o,
All wolowoss dem-o,
All mbock dem-o,

All bendskineur dem-o,
All pousse-pousseur dem-o,
All feyman dem-o,
All chargeur dem-o,
All mbambe dem-o,
All sauveteur dem-o,
All beyam sellam dem-o,

Mek wuna sabi sei:
"It's never too late to learn"
Da mean sei,
Taim no di pass for land book.
Man pikin wey yi get ear mek yi ya'am,
Woman pikin wey yi get ear mek yi ya'am
Bekoz half-book,
Na big, big problem!

Crish Economique

Katika dem for Ngola sei
Economie dung crish!
Yas, man, dem sei économie
Dung paplé.
You must ya me fain mbombo!
Katika dem sei économie dung loss head!

Katika dem sei all ma tara dem
Must ndengwe sotai dem ya dem banja
Dem sei all man must wok njock-massi
Before dem dammer.
Yas, mola, you must shweat before
You put dammer for table.
Na so crish économique dei.

But,
Di ting wey Katika dem,
No ba tell we be sei,
Na dem dung kick all ndoh
Go put'am for bank for Oyibo kontri,
Yas, tara, da wan na Secret Numéro un
For all katika dem for Ngola.

Yas, aman,
Katika dem soso cry
Crish économique! Crish économique!
But, dem no ba tell we sei
Na dem dung kick all moni
For oya for Sonara-Limbe.
Dem dung toum sef all da oya

For mukala dem for France.
Yas mbombo,da wan na Top Secret
For all katika dem for dis kontri.

Ouais, frère-o!
Katika dem sei économie di paplé
Any how, dem no ba tell we sei,
Na dem dung toum all stick
For black bush for Yabassi.
Yas, tara, na so dis palava dei.

Wheda économie di crish,
Or yi dung paplé,
We dung pipo we sabi wheti for dei?
Me, I mimba sei na daso katika dem
Go fain melecin come mof da crish
For économie yi head!
Wheda économie dung mof mboti
Begin waka daso naked,
We dung pipo die wheti for inside?
Me, I mimba sei na daso long long crayon dem
Go fain magan come mof da crish
For économie yi head, abi?

Wheda économie dung loss sense,
We, nating pipo for swine quata
We sabi wheti for redressement économique?
We sabi wheti for economic recovery?
Na daso katika dem sabi!

Wheda économie di do na how-o,
We vendeurs à la sauvette,
We sabi na wheti for dat palava?

Ça ne regarde qu'eux.
Da mean sei da wan see na dem.
C'est eux qui savent,
Da mean sei na dem sabi.
On n'y peut rien!
In ala word, we hand no dei for dei.
On va faire comment alors?
Le pays est en crise!
We go do na how-no
Economy dung crish!

You sit down you wan souler youa mbu,
You go daso ya sei:
Economie dung crish,
You wan souler youa odontol,
You go daso ya sei:
Economie dung crish,
You wan drink youa nkang,
You go daso ya sei:
Economie dung crish,
Dem di tell we mek we do wheti?
Na some ma tara for marché des femmes
Bi axe some katika sei:
On vous a envoyé?
Da mean sei dem send wuna
For we back?

Manawa-a

No bi wuna sabi da wamful insect
Wey dem di call'am sei Manawa-a?
Manawa-a no be daso insect for bush.
Woman pikin wey yi di ndomo yi massa
For long na popo Manawa-a!

Oh yas, massa wei yi di knack
Yi woman for hose like sei
Di titi be na half firewood,
Na popo Manawa-a!
Yas, na Manawa-a number one.

Pikin wey yi di shoot hand
For yi repe yi head
Na popo Manawa-a!
Yas, tchotchoro wey
Yi di kosh yi mami
Na popo Manawa-a!

Broda wey yi di knack kanda
Wit yi sista,
Na popo Manawa-a!
Yas, no mek erreur, da kain
Broda na lele Manawa-a!

Pikin wey yi di sleep wit yi reme,
Na popo Manawa-a!
Oh yas, some pikin di nyati knack
Kanda wit dem mami foreska sei
Magan-man dung tell dem sei

If dem knack kanda wit dem mami,
Dem go get moni like shit!
Na yi dem di go nyoxer dem reme!
Da kain pikin na manawa-a Number One.

Man pikin wey yi di knack kanda
Wit tchotchoro forseka sei
Ngambe-man dung tell yi sei
Yi 7+1 sick go finish taim
Wey yi dung fuck small pikin,
Na popo Manawa-a!
Yas, da kain man na daso Manawa-a.

Ma own kondre pipo dem,
Wuna dung see'am sei for dis grong,
Manawa-a dei taim no dei.
Some manawa-a na pipo,
Ala wan na bip for bush.

Mini Minor

New year, new fashion!
Some wan dung commot just now.
Dem di call'am sei change waka.
You want nye any ngondere,
Yi di daso waka like ntumbu.
All nga dem for Ngola dem di waka
Like sei dem di saka
Na ndombolo all di taim!
Dis kain waka dung pass me.

New generation, new fashion!
Some new wan dung commot right now.
Dem di call'am sei mini minor.
You wan nye titi for any corner,
Yi di daso sap na "see ma dross"
Ah,ah! dis palava dung big pass ma head.
Some ma tara for Sasse be call da kain
Cloz sei 'see through'.
Mini minor dem na helele-o!

Mini minor dem no di gring
Say mek mboti tanap for dem skin.
Soso wear 'see ma bra'
Na so mini minor dem dei!
Soso wear 'see my bombi'

Autres temps, autres moeurs,
Da mean sei:any taim get yi own fashion.
Na some ma complice
For Université de Doula be tok sei:

Cela s'appelle la nouvelle génération.

Just now for Nansarwa kontri,
All man pikin dung ton be na mini minor!
You wan pass for any side,
You di daso nye man pikin wey
Yi trosa di hang na for yi shit hole,
Ah! Ah! Na wheti di pass of upside?
Ah di wanda!

Na some ma tara for Chicago Ghetto
Be tell me sei,
"Man you ain't know what this is all about?
I tell yi sei:
Buddy, I ain't got no clue.
Yi sei:
It's called saggin' pants!"
Dis saggin' pants
Na pantalon wey yi di daso
Shweep road for Uncle Sam!
Na yi I di wanda sei dis
Saggin' pants na wheti sef?
Na yi da ma tara di tell me
Dis tori for saggin'pants.
Da tori shweet sotai tif
Man laugh for banda!

Yi sei dis ting be begin'am
Na taim wey Mbere Khaki for America
Dem be tcha black pipo
Go put dem for ngata,
How wey mbere be di fia sei
Ngata pipo dem fit take dem kanda,

Da ting wey mukala dem di call'am sei"belt",
Go hang dem sef, dem be take
All man yi kanda go hide'am.

Ah! Ah! Na yi some sense come enter
For ngata pipo dem head sei,
After all, dem fit try for waka
Wey kanda na dei.
Na yi dem begin waka like
Man pikin wey dem just cut yi bangala.
No be wuna sabi da kain waka?
Na waka wey you di waka like sei
You get na mutoli, da sick wey
Oyibo dem di call'am sei hernia.
Na so waka for saggin' pants dei.

Taim wey prisoner pipo
Be commot for ngata,
Da mutoli waka dung ton be
Na dem own fashion!
You wan pass for any side,
You di daso nye 'prison graduate'
Dem di waka wit trosa for you dem arse.
Na so waka for saggin's pants dei.
For Kontri for Barack Obama,
Waka for saggin's pants na helele-o!
Dis waka dung ton be na modèle, ah!

Some Akata pipo,
Da mean sei:
Black pipo for America,
Dem di born pikin so dem go start for land dem
Waka for saggin's pants taim wey

Pikin di still drink boobie.
Oh yes, dis wan na turu turu tok!
No be da wan na development?
Akata no fit land book
But dem fit land saggin's pants well well!

I dung take ma eye look dis palava so,
I ton'am, ton'am for ma head,
I ton'am, ton'am,
I shake ma kongolibon head,
I sei "wonders shall never end in this wold!"
I dung tell ma own pikin dem sei:
'You shall wear this nonsense over my dead body!'
No be wuna sabi sei taim wey yi dung bad,
Repe di tok na gramma for tchotchoro?

Cameroon Na Cameroon

Ma complice dem for Nkouloulou-o!
Ma tara dem for Moloko-o!
Ma mombo dem for Marché central-o!
Ma kombi dem for Kumba market-o!
Ma dong pipo dem for Kasala farm-o!
De wan dem for Camp Sic de Bassa-o!

Ma complice dem for prison de Tchollire-o!
De wan dem for 'Maximum security
Prison' for Mantoum-o!
Sef de wan dem for Kondengui.

I sei mek I langua wuna dis tori.
Some hymne national dung commot
Just now for Ongola.
Da mean say some national anthem
Dung show head for we own kontri.
Da anthem dem di sing'am sei:
Le Cameroun c'est le cameroun,
Da mean say,
Cameroon is Cameroon.
In ala word,
Cameroon na Cameroon,ah!

You wan pass for any corner,
You di daso ya sei,
Le Cameroun c'est le Cameroun,
On va faire comment alors?
Da mean sei,
Cameroon is Cameroon,

We go na how-no?
Na so dat Cameroon National Anthem dei!

Grand katika tif all moni
Go put'am for bank for Switzerland,
We di daso sing sei,
Cameroon na Cameroon,
We fit do na wheti sef?
Na so da Cameroon National Anthem dei!

Minister mof all nchou
For yi office go put'am
For banda for yi long,
Antoine Ntsimi,
Suivez mon regard!
We di daso sing sei,
Le Cameroun c'est le Cameroun,
Tu as déjà vu quoi?
Da mean sei:
You dong nye wheti?

Katika for CRTV
Bring yi kontri pipo come fullup
Office dem dei,
We di daso sing sei,
Cameroon na Cameroon,
Massa, wheti we fit do no?
Na so da Cameroon National Anthem dei!

Mange mille katch driver
For road take all yi moni,
We go daso kop nye,
We di daso sing sei,

Bo'o garri dung pass wata-o!
Wheti we fit do no?
No bi na Cameroon dis?
Na so da Cameroon National Anthem dei!

Docta nyoxer sick woman
For inside yi office for hospita,
Da woman yi massa go daso tok sei,
Ma broda, na dem get kontri,
You wan mek I do na how?
Cameroon na Cameroon.
Na so da Cameroon National Anthem dei!

Gomna deny for put coal tar
For Ngoketunjia road bekoz
SDF dei for dei,
Pipo go daso shake head,
Dem tok sei,
Kontri man, we go do na how no?
Cameroon na Cameroon.
Na so da Cameroon National Anthem dei!

Dem compresser wok pipo
For Cameroon Marketing Board,
For CDC, or for Socapalm
Dem go daso wrap dem tail
For dem las like tif dog,
Tok sei: Papa God we go do na how-eh?
Cameroon na Cameroon.
Na so da Cameroon National Anthem dei!

Pikin commot for University,
Yi no get wok,

Yi papa wit yi mami
Go daso put dem hand for dem head,
Dem tok sei: you must go drive bendskin,
We go do na how?
Cameroon is Cameoon.
Na so da Cameroon National Anthem dei!

Grand Katika change constitution
Bekoz yi wan die for office,
Pipo go daso tok sei,
Frères on va faire comment alors?
Est-ce que les gens
De Bamenda vont accepter ça?
Le Cameroon c'est le Cameroun.
Na so da Cameroon National Anthem dei!

Mbere-khaki shoot bendskin driver kill'am
Bekoz yi dung deny for tchoko,
Ala bendskinneur dem go daso,
Run go for inside matango club,
Begin cry sei,
Weh! Mon vieux,
Le dehors est mauvais,
On va faire même comment?
Le Cameroon c'est le Cameroun, non.
Na so da Cameroon National Anthem dei!

Chop Pipo Dem Moni party
Tif election for Opposition,
Pipo dem go daso bend head
For grong dem cry sei:
Weh! Weh! Na how we go do-eh?
Cameroon na Cameroon

Na so da Cameroon National Anthem dei!
Grand katika,
Tif moni go build hospita
For Baden-Baden for mukala kontri,
Camers dem go daso knack hand, jua jua!
Dem cry sei: God dei!
Some wan dem di tok sei:
Mon Dieu! Ne criez pas trop fort!
Le cameroun c'est le Cameroun.
Na so da Cameroon National Anthem dei!

Le Père de la Nation,
Da mean say Father of the Nation,
Go carry ashawo come put'am
For palais l'unité,
Sei na First Lady,
Ongolais dem go soso knack mop sei:
Vraiment le cameroun est formidable,
Vivons seulement.
Da mean sei:
Cameroon na las,
Mek we begin nye daso.
C'est le comble!
Cameroon na Cameroon

Some kokobioko professor be see'am so,
Yi shake yi head two taim,
Yi sei: "This is the last straw
That broke the camel's back,
Cameroon is Cameroon"
Na so da Cameroon National Anthem dei!

Ngomna for Renouveau
Dem cut pipo dem salary
Sef ten taim for one year,
Ma kontri pipo dem go daso
Run go for mimbo hose,
Begin knack tori sei:
Massa, I never see dis kain
Wan before. Yi dung pass we.
Na which kain barlok dis-no?
Cameroon na Cameroon.
Na so da Cameroon National Anthem dei!

Clando ngomna tcha Lapiro de Mbanga
Go put'am for ngata,
Mek yi ton prison without no crime!
All ndinga pipo dem for Ngola
Dem go daso tok sei:
Çaaaa! On n'a jamais vu ça!
Mais on va faire comment alors?
No be Cameroon na Cameroon?

Yeye Katika for Ngola
Katch Joe la Conscience,
Alias Kameni Joe de Vinci
Go lock'am for Kondengui,
Afta dem send soja dem go meng
Yi pikin--Aya Kameni Patrick Lionel,
All 'freedom fighter' dem for Cameroon,
Dem go soso bend head for dem armpit,
Dem tok sei: upside dung wuowuo,
Any man fain yi long
Cameroon na Cameroon!

I dung ya dis ninga anthem sotai,
I shake ma head.
I check for ma head sei,
Dis Cameroon wey dem di tok so,
Yi dei daso for dis grong,
Or na for ala planet?
I di wanda!
Na Bob Marley bi sing yi own anthem sei:
"Liberate yourselves from mental slavery!"
I gring gi'am for Bob
Forseka sei mbutuku na Slave Number One!

A Tout Casser Tok

Massa,
Man don tonton tire
Dis à tout casser tok for dis kontri-o!
You wan pass for any side,
Na daso 'moi parler toi parler',
You wan wake up for sharp sharp,
Na soso 'toi parler moi parler',
You wan nang for last heure,
Na daso à tout casser.
Just now, yi dung loss my sense.

For Ngola,
We get tok for Bafut,
We get tok for Bamunka,
We get tok for Banso,
We get tok for Bali,
We get tok for Bambalang,
We get tok for Bamessing,
We get tok for Baba
We get tok for Bafanji,
We get tok for Bamali,
We get tok for Babessi
We get tok for Banja
We get tok for Balimkumbat
We get tok for Bakundu,
We get tok for Bangwa,
We get tok for Bakweri.
We get tok sote pass two Hundred!

Wheti mek we no fit land
We own pikin dem all dis tok dem for sukulu?
Na shame di do we or na daso foolish?
You want pass for any corner,
Na soso 'I was'
You want situp for any side,
Na daso 'je dis hein'
We'eh! We'eh!
Wheti be we own self wit dis bastard tok dem?

Taim wey you go for village
For do kontri fashion
You go tok na 'I was'?
Taim wey you go for kontri for cry die,
You go cry die na wit 'moi parler toi parler'?

Taim wey you go for village
For knack door for marred some nga
Wey you want marret'am
You go knack door na for French?

Mek wuna no begin fool wuna sef!
White man tok na daso bastard tok.
You no fit lef youa own tok
Go take some ala man yi tok
Begin mek nyanga wit'am!

Kontri tok na we own Tok.
Kontri tok na we own tradition.
Kontri tok na we own identity
Kontri tok na we own life
Make wuna no make erreur!
Nansara tok na daso allo tok.

Kongossa For Quata

Some pipo dem dei for upside,
Dem no sabi sei taim na moni.
Day by day, nite by nite,
Dem soso knack mop for nating.
Dem own wok for dis grong,
Na daso kongossa,
Ya one for here,
Tok two for dei.
Na so some pipo dem dei.

For mukala kontri,
Oyibo dem daso run
Like sei na Manawa-a
Dei for dem dross,
Kwaash kwaash! Kwaash!
Na so dem di waka go for boulot.
Dem daso pick tokio—soso run.
Na so dem dei for Nansasa kontri.

Nansara dem sabi sei taim na mburu.
For Nansara kontri,
Pipo dem no di sit down before dem chop,
No one day!
Soso hold chop for dem hand before dem chop',
Na so oyibo kontri de—soso run run!
Na some ma tara for Kemkem
Be tok yi ting sei:
*Man no rest, day de go
mandat di bolè!*[1]
Na some ma teacher for Sasse

Be knack some gramma sei:
"Time and tide wait for no one,
A stitch in time saves nine,
Procrastination is the thief of time."
Some panapu no pass dis wan.

Any ting get yi own taim:
Taim for born.
And taim for die.
Taim for laugh,
And taim for cry.
Taim for wok,
And taim for rest,
Taim for plant'am
And taim for mof'am.
Taim for listen,
And time for tok.
Taim for beg,'
And taim for hop eye.

No Kondition Is Pamanent

Na some ma kombi for Nkwen Park
Be tok for me some day sei:
Grand na wuna go big book but,
listen to me very careful:
In dis wold no kondition is pamanent!
Today you dei for up;
Tomorrow you dei for dong.
No kondition is pamanent in dis wold at all!

Yes, tara, I di tell you sei:
No man no sabi tomorrow"
The first shall be the las
Today you be number one;
Tomorrow you be number las.
Na so dis wold dei.
No kondition is pamanent in dis wold!

If you get kaku,
Mek you no laugh de pipo wey
Dem no get'am bekoz,
No kondition is pamanent in dis wold!
Da tara be tell me sei:
God's taim is di best,
Da mean sei God yi court,
No get appeal,
Na so dis wold dei.
No kondition is pamanent in dis wold!

If you get pikin,
Mek you cuss pipo wey dem no get'am

Bekoz,no kondition is pamanent in dis wold!
Na so dis wold dei.
"The first go be the last"

If you tie hose,
Mek you high skin
For man weh yi di sleep
For inside kwara-kwara,
Forseka sei:
In dis wold no kondition is pamanent!

If you jandre,
Mek you no look poor pipo
Like shit bekoz,
In dis wold no kondition is pamanent!
Today you be milliardaire,
Tomorrow be foiré
Na so dis wold dei.
In dis wold no kondition is pamanent!

If you land book,
Mek you no begin cosh half-book dem,
Forseka sei for dis wold,
Man no di know,
Dis life dei like njambo:
Today you di ya fain;
Tomorrow you di ya bad.
Na so dis wold dei.
In dis wold no kondition is pamanent!

If you get sense pass toroki,
Mek you no laugh mbutuku dem,
Bekoz for dis wold,

No kondition is pamanent!
Na so dis wold dei.

Mek we no begin show skin
For nating bekoz,
For dis wold,
No kondition is pamanent!
Na so dis wold dei.
Na some long crayon
For university of Harvard
Be tok yi tory sei:
"Life is a mystery, leave it to God."
Da mean sei dis life na wondaful,
Mek we lef'am daso for Papa God,
Foreseka sei:
Dios es amor,
God is love,
Dieu est amour.
God na like,
Nyi neuh nkeuh.

Ja Ma Fous Plenti!

You call us *Anglofous*
You brand us Les Biafrais
You think we're dirty *Mon Bamenda*
Ja ma fous plenti!
But who are you?
You're the shame of humanity!
Acme of human bigotry and folly
Is there an identity crisis?
I no sabi di person wey I be.
Je ne sais pas au juste qui je suis
Some call me Anglo
D'autres m'appellent Froggie
I no sabi di person wey I be.
Je ne sais toujours pas qui je suis
My name c'est Le Bamenda
My name na L'Ennemi dans la maison
My name c'est le Biafrais
Mon nom is underclass citizen
My name c'est le maladroit
Taisez-vous! Shut up!
No hambug me!
Ne m'embêtez pas!
Don't you know that je suis ici chez moi?
Vous ignorez que I belong here?
I shall fight to my dernier souffle
To forge a real name pour moi-même
You go call me sei Anglofrog!
Vous m'appelerez Franglo!
Shut up! Taisez-vous!
No come hambug me-o!

Ne m'embêtez pas-o!
Vous ignorez que I belong here?
Don't you know que je suis ici chez moi?
I shall fight to my last breath
To forge a real lingo for myself
I go tok na Français
Je parlerai English
Together we'll speak Camfranglais
C'est-à-dire qu'ensemble
We'll speak le Camerounisme
Bekoz ici nous sommes tous chez nous
A bon entendeur salut!
Man wey yi get ear,
Mek yi ya'ram!
HEAR THE ANTHEM OF NATIONAL TOMFOOLERY!

Small Small Catch Monkey

Some man be big sotai
Yi get thirty five year
For dis grong but yi never tie hose.
Yi daso nang for yi reme yi long.
Ah! Ah! Na which kain man pikin dis?

One day yi marred yi nyango,
Yi take'am bring'am for yi mami yi long.
Pipo dem look dis palava so yi pass dem.
Nyango born pikin, dem commot for hospita,
Dem come daso for dis man yi mami yi hose.
Ah! Ah! Na which kain marred man dis
Wey yi no fit tie hose?
Pipo dem di daso wanda.

Na yi wey some day reach,
Some tara come axe da man sei:
Bo'o na wheti di do you sef?
Na yi dis man axe da tara sei:
Wheti you dung nye for ma back?
Tara sei: you dei lek sei you be man,
But you no be man at all!

Bo'o, na which kain tori dis
Wey you di knack'am so?
Na so yi be axe da tara.
Na yi wey dis tara tell yi sei:
Dis ting wey you na your fambru
Di soso nang for youa mami yi long so,
Na big big yap!

I see sei you foolish sotai pass mukanjo!

Ah! Ah! Dis kosh dung pass da man.
Na yi wey yi axe di tara sei:
Dis mboma kosh so, me I do you na wheti?
Dis tara sei:
Massa, youa own dung too much for dis quata.
You marred woman,
You bring'am for youa reme yi long,
You born pikin,
You bring'am for youa reme yi long,
Na which day wey you go build youa own hose,
You toot youa fambru commot for youa reme yi long?

Da taim, da man yi laugh sotai yi mop wan broke,
Yi tok for da tara sei:
Bo'o no put youa mop for ting
Wey yi no see you!
Ma mami na ma mami, na youa mami?
I di wok ma moni
I di hide'am fain fain,
One day one day,
I go mof some long
Wey all man yi mop go daso lock for dis quata,
Small small catch monkey!
In ala word,
"Rome was not built in a Day!"

Na yi wey da tara shek yi head
Yi tok sei:
We-e! Dis tara na ndoss number one!
Taim wey yi dung tok finish,
Yi hold road for yi long,

44

Yi di waka kunya kunya,
Yi di ton back.

Makandee Na Wa

Taim wey I be dei for oyibo kontri,
I be get some ma nga wey yi name be na Kathy.
Dis titi be fain sotai taim no dei,
And na so yi be lek kanda too!
Morning taim, we knack kanda,
Sun taim we knack kanda,
Sun wan loss, we knack kanda,
Wandaful! Dis nga no be di ever fullup kanda!

But ting wey yi be pass me for dis moumie
Na sei taim wey me na yi di knack kanda,
Yi di daso send yi hand for ma shit hole.
Soso waka yi hand for ma las!
One day I tie ma hart,
I axe Kathy sei:
"Honey, what's up?
Yi sei: hein?
I sei: what are you looking for in my arse?"

Na yi dis nga tell me sei:
"Darling, I am looking for your tail."
Yeh Maleh! Da palava pass me sotai
Lef small I for commot for bed fall for grong.
I daso tie ma hart,
I axe Kathy sei:
Sweetheart, what do you mean?"
Yi sei:
"I have been told that all Africans have tails."

Wandaful!
Dis tori cut ma hart like thunder!
I axe Kathy sei:
"Who told you that?"
I wan axe'am so wey ma eye dung red
Sotai yi dei like sei na pepe dung fall for inside.
Yi sei:
"My parents told me that."
I jeck ma hand for ndomo yi,
But I check for ma head sei:
Man fit ton ton go for ngata-o!
Na yi I lef di palava yi pass.

Some day no,
Me na yi we nang for ma long,
We di knack kanda again,
Na yi wey me too I di tonton send ma hand
For Kathy yi own shit hole.
Yi axe me sei:
"Sweetie, what's the matter?"
I amsa sei:
The matter is that I'm looking for your makandee."
Kathy axe me sei:
"What is makandee?"
I sei:
"Makandee is buttocks, I don't see yours!"
Da taim Kathy pick vex,
Yi skin ton green,
Blood for yi skin ton black,
Yi tell me sei:
"That's right, I don't have buttocks!"
Na yi me too I tok sei:
"And you don't have breasts either!"

47

Taim wey I dung tok finish,
I mof some laugh yi dei like
Sei I souler na jobajo.
I laugh sotai ma mop wan broke,
Forseka sei,
Turu turu ma titi yi chest
Be flat like Sans Confiance Bata slippers!"

Taim wey I dung laugh tire,
I tok for ma titi sei:
"Darling, my parents told me that."
Yi amsa sei:
"What did they tell you?"
I sei:
"That white women have neither buttocks nor breasts."
From da day, lovie-lovie wit Kathy
Just finish one taim!
I tell wuna sei dis palava makandee na wawawa-o!
Mek wuna no take'am play.

Bush Faller

Some mola be tok yi ting sei:
Nyanga di sleep,
Massa Man Troble di come wake-up'am.
Na dis kain troble wey
Yi dung meet'up me for dis Uncle Same kontri.

Man jam youa moto,
You wan axe yi sei:
Massa, na wheti mek you lef road
Come di run na ontop ma moto,
Di mbout go daso tok for yi nose sei:
"Dude, I understand your frustration,
But there ain't nothing I can do about it."
Eh! Eh! Dis kain langua dung big pass ma head!

You wok sotai moon die,
Patron deny for pay youa nchou,
You wan axe yi sei:
Oga, you wan sei mek I chop na stone?
Yi go daso tok for yi long nose sei:
Sirrrr, I perrrrfectly underrrrstand yourrr frustrrration,
But I caaan't help it."
Weeyo! Weeyo! Dis kain tok lele pass me!

Some mbo'oko come nyoxer youa woman,
You wan axe yi sei:
Tara,dis donc, wheti mek you come tchook you pen-knife
Inside ma kokobioko?
Yi go tok for yi small nose sei:
"Man, I understand your frustration,

49

But I ain't know jackass what you're talking about."
We-eh! We-eh! Dis palava dung mek sotai
I loss my sense!

You sick, you go for hospita,
Dem deny for lookout you
Foreseka you no get insurance,
You axe docta sei:
"Sir, is there hope for the poor in this country?"
Yi go tell you sei:
Mister, I fully underrrstand your frrrustration,
But there ain't no free ride in America!
Cheh! Cheh! Dis tory di wanda me.
Na some ma Yankee tara be tok sei:
"This just blows my mind!?"

Na yi I tell yi sei:
Wheda yi blow you mind,
Or yi chapia your mind,
Or yi cut cut your mind,
It's one and the same thing.
Na which kain kontri dis wey,
Pipo dem daso 'understand your frustration'
But dem no fit helep you?
Dis wan na popo ndoutou, dis donc!

For sei mek you ya ma ngeuh,
But you no fit helep me,
Beta you no ya'ram at all at all!
I dung fain kujera I sit down for dei,
I check for ma head sei:
Dis bush falling sef na fain waka so?

Bita Kola

All ova di wold,
Hommes politques,
Da mean sei:politik pipo
Dem be daso djindja!
For America, dem soso lie lie!
For France, dem soso tif tif!
For Britain, dem daso wuruwuru!
For Italy, dem daso shakaraa!

But for Ongola,
We own politik pipo na daso bita kola:
Lie for hia,
Lie for dei,
Tif for hia,
Tif for dei.
Chop Pipo Dem Moni party tif,
Social Democratic Front tif,
Movement for the Defense of the Republic lie,
Alliance for Democracy lie,
National Union for Democracy and Progress tif,
Union for the Peoples of Cameroon tif.
All party dem lie,
Sef Democratic Union of Cameroon lie.

Na some mami for Dibombari be tok yi ting sei:
We own politik pipo dem trong sotai pass kangwa,
Some ala mami sei:
Dem bita sotai pass bita kola sef sef!

But mek I tell wuna sei:
Bita kola na popo Viagra for Africa!
You wan sleep wit titi youa bangala no wake-up,
Mek you daso tek one bita kola
Throway'am for youa mop begin mash'am nayo nayo.
Small taim Johnny go jeck yi head for up!
Bita kola na popo small no be sick.

You wan knack kanda sotai you ya fain,
Mek you take daso one bita kola chop'am
Apta you must take one cup matango or mbuh
You souler. Ahoun! Da taim na kanda T.D.B!
Da mean sei: Till Day Break.
Na so bita kola dei:Viagra number one!
Na some ma tara wey yi commot for Biafra
Be tok sei:
He that brings kola,
Brings life!
I mimba sei:
Some tok no pass dis one.

Mbere-Khaki

Mbere-khaki,
Mange-mille,
Police-man,
Policier,
Dan sanda,
Burushi,
Flat floot…

All dis wan na daso name for Mbere-khaki.
For Cameroon mange-mille,
Dem tif sotai pass ngong dog!
You wan pass for any side,
Mbere-khaki dei for dei.

You wan sit down for bar
Yor souler youa raffia mimbo,
Dem dei for dei.
You wan go for restaurant for dammer
Youa garri wit okro soup,
Dem soso dei for dei.
Dem di mek like sei dem di wok,
But dem no di wok no fucking ting!
Dem own wok na daso allo!

Di wok wey police for Cameroon
Dem sabi do'am fain fain,
Na daso kick, dem tif sotai taim no dei.
Soso tif pipo dem moni take'am go souler jobajo,
Soso tif ngomna moni take'am go nyoxer nga dem,
Daso tif moni for wok place,

Take'am go tie hose for dem village.
Na so we own police pipo for Cameroon dem dei.
Cameroon Burushi na popo shame!

Dan sanda for Ambasonia
Na daso lie lie police.
If tif pipo dem broke youa hose,
You call office for mbere-khaki sei,
Mek dem come helep you,
Dem go axe you sei:
You get moni for buy petrol put'am for we moto?
You must buy petrol put'am for dem moto
Before dem go come for youa hose?
Just begin ya me some crish!
I di wanda sei dis wan dem
Na which kain police sef?
If pipo dem di ndomo sotai
Blood di commot for dem skin,
If mbere-khaki di pass,
Yi go daso kop nye yi run nine-ninety,
Go sit down for off-license
Yi begin souler yi jobajo
Like sei something no di pass for upside.
Yi di pump breeze for one delta.
Na so mange-mille for Cameroon dei.
We own mbere dem daso chop moni
For ngomna for nating.
Na popo National Disgrace!

Dis tori we I di knack'am so,
I no ya'ram for some man,
I take dis ma own two eye I nye.
Cameroon na lele Cameroon!

We own policiers na daso voleurs!
We buy prein-prein gee dem sei,
Make dem take'am lookot we dei,
But dem take da prein-prein ton shoot we dei!
Ah ah, na which kain barlok dis?
We buy dem uniform,
Dem take'am wear'am come tif we moni!
Na so we own flat foot for Nooremac dei!
Popo international Disgrace!

For Ambassonia,
Big mbere dei like small mbere:
Commissaire tif,
Sans galon tif.
Superintendent of Police mek wayo,
Police constable mek wuru-wuru.
Ha, dis wan na lock mop!

All dem na daso one and di same ting.
I dong see dis palava so,
I check for ma head sei,
Popo da Ecole de police for Yaoundé,
Wit da Police School for Mutengene,
Na daso tif pipo dem di land book for dei?
Da mean sei all professeurs for dis two
School na daso grand voleurs et menteurs dem?
If no be so,
How yi be sei,
All poice man wit poice woman wey dem commot
For dei dem di daso tonton tif like ngong dog?
You sef, wheti be youa own mimba for dis matter?

Mbo'oko

Dis we own wold fullup wit
Kain by kain pipo.
Some pipo dem na popo pipo;
Ala wan dem na daso yeye.

If youa pikin na yeye,
Mek you just cry,
Wipe youa eye sit down you.
Mbo'oko pikin na daso barlok!
Mbo'oko pikin no di marred woman,
Mbo'oko pikin di wok akwara side by side.
Yeye pikin no di tie hose,
Soso waka sleep for yi kombi dem hose,
Soso waka nangaboko for quartier.
Yeye no di ever nang for yi long,
Bekoz yi no get long!
Na so mbo'oko dem dei!

Mbo'oko wok ten franc today,
Yi go bend head chop'am sotai
Yi finish before yi go wok some.
Na so mbo'oko pikin dem dei!
Mbo'oko na san-san boy Number One!

Yeye man no di ever mek plan for tomorrow,
Soso wok'am chop'am.
Ehein! Na so mbo'oko dem dei!
Na some ma tara for Kake be langua me sei:
Mbo'oko di tonton like old dross!
Me, I mimba sei some tok no pass dis one.

Mbo'oko dei like butterfly,
Fly for hia sit down for dei,
Commot dei sit down for hia.
Bukeuh! Na so dem dei.

So Papa wit Mami dem,
Mek wuna put eye for wuna own tchotchoro dem.
All reme wit repe dem,
Wuna must sabi sei,
Pikin no di fix yi sef,
Na Pa wit Ma dem di fix pikin.
If you no fix youa pikin,
Taim wey yi dung ton be mbo'oko,
Shame go be na youa own!

If da taim reach,
I no wan see some foolish man or woman
Put hand for yi big head,
Begin cry sei: Woyo-o! Woyo-o! Barlok pikin!
Na some ma mbombo for University of Oxford
Be knack me some parole sei:
'Man, you must know that
The child is the man in the making."
Me, I mimba sei some panapu no pass dis wan.
Mbo'oko no di start for beleh
Mbo'oko pikin na bad hand wok
For yi Mama wit yi Papa.
Mek wuna must put dis Magana
For wuna kongolibon head,
Bekoz opportune come bus one!

Oyibo di call mbo'oko sei rascal,
Mukala di call mbo'oko sei ruffian,

Nansara di call yeye sei vaurien,
Ma own pipo dem di call mbo'oko sei vanjeunjeuh,
Kain by kain name dei for mbo'oko,
But no one no be fain name!
All dis name dem na daso cosh.
Na some tete long crayon for University of Yale
Be tok yi ting sei: what's in a name, evil is evil!

Small No Be Sick

Wuna wey wuna di take wuna own eye nye television,
I mimba sei wuna sabi da wandaful pikin for America,
Wey yi name na Barack Obama.
Yas, go up come down, wuna must sabi yi!
Dis man na popo small no be sick!

Barack yi papa be commot na for Kenya,
Come for land book for America.
Taim wey yi be nye Barack yi Oyibo mami,
Na so yi hart begin knack sei: Poop! Poop!
Dem begin lovie-lovie,
Yi no tay, dem tie marred.

Taim wey dem be born Barack,
Some crish come enter for Pa yi head,
Pa soso tok sei yi go yi back for Kenya-eh!
Yi sei yi go ton back for Africa-eh!

So no,
Barack yi reme tok sei:
If you want ton back for Africa,
Da mean sei na you wan go go,
Me na ma pikin we go lef daso for hia,
We no di shake foot for America!
Na daso catapillar go come mof we for hia.
Taim wey repe dung ya dis tori,
One taim yi sabi sei marred dung chakara.
Pa hold road yi ton back for Kenya.
Yi no tay Pa get accident for moto yi meng
Oh, barlok eh! Oh, barlok eh!

So, from for small,
Barack no be get yi Papa.
But dis boy get sense pass toroki.
Yi land book for university of Havard,
Sotai yi be na lawyer,
Apta yi be Senator,
Just now, di Democratic Party for America
Dung tok sei if no be Barack,
Some ala man no fit be dem own candidate
For election for White House for November '08!
Pipo dem di wanda sei:
Ah, ah how Black monkey go be president for America?
Di djintete country for dis wold?

Mek wuna sabi sei,
Dis Barack na metosh,
Da mean sei,
Na mix blood.
For America,
If you get daso
One drop for black man yi blood
For inside youa skin,
You be daso black man kawai!
So no, BARACK na BLACK!

BUT
So no, for November 4, 2008,
Wandaful ting come happen for America:
All America pipo come take one mop,
Dem tok sei, yes we can! We gring,
Na Barack go be we own President.
Wandas shall never end in dis wold!

Da day be like sei di whole wold
Dung ton upside down for America.
Pipo dem glad, dem souler jobajo,
Pipo dem knack ndinga,dem dance,dem nyoxer,
All in the name of Barack Obama!
Meself I be glad taim no dei,
Forseka sei, me I be black man!

Di ting wey Barack dung do'am
Plenti Mukala dem no fit do'am.
Just now,
All Oyibo dem wey dem be soso tok sei:
BLACK is stupid,
BLACK is ugly,
BLACK is dirty,
BLACK is lazy,
BLACK is nigger,
BLACK is patati patata…
Dem dung change tok wan taim,
Dem daso tok sei:
You never know!
This black fellow may rule us well!

Nansara dem soso shek head,
Dem di tok sei:
This is unbelievable!
Yas,tara, Barack dung lock dem mop!
Na so tori for Barack dei for Uncle Sam.

Mesef, I dung look di matter
So yi shweet me sotai…
I laugh some wayo laugh,
I tok for Oyibo dem sei:

Aschouka ngangali!
Da mean sei:
Yi shweet! Never say never!
Barack na reaallly Small no be Sick!

Toyi! Toyi!

Today na today!
Aujourd'hui c'est aujourd'hui!
Lah noh lah!
Today na we na dem.
We go daso wear one trosa.
Aujourd'hui nous allons porter
Le même pantalon!

Dem own dung too much!
Toyi! Toyi!
Waka! Waka!
Marchez! Marchez!
Allons-y!
Allons au palais d'Etoudi!
Mek we go for Etoudi Palace!
Let's go to Etoudi Palace!
Toyi! Toyi!
Waka! Waka!
Marchez! Marchez!
All man go for di Pipo's Palace!

Today na we na dem,
We go chop for wan pot,
We go nang for one bed,
Aujourd'hui, c'est aujourd'hui,
Nous allons manger dans le même plat,
Nous allons nous coucher dans le même lit.
Toyi! Toyi!
Waka! Waka!
Marchez! Marchez!

Gudu! Gudu!
Come on! Come on!

Pipo dem dung tok tire!
Pipo dem dung cry tire!
On a parlé fatiguer!
On a pleuré sans cesse!
Today na di day!
Make man no run!
They may run but they can't hide!
Man lep, yi lep!
Ça gate, ça gate!
Man no die, man no rotten,
Die man no di fia bury grong.
Toyi! Toyi!
Waka! Waka!
Marchez! Marchez!
Gudu! Gudu!
Come on! Come on!
Hia! Hia! Hia!
Brrrrh! Brrrrh! Brrrrh!
Grrronnh! Grrronnh! Grrronnh!

Mek all man commot,
Wan man, wan machete!
Wan woman, wan hoe!
Wan kondere, wan spear!
Mek Quifon commot,
Mek Ngumba commot,
Mek Ngiri commot,
Kongkong! Kongkong! Kongkong!
Kingking! Kingking! Kingking!

Mek war-mabu commot,
Mek Nkemeuhdeung commot,
Mek Ngwayuh commot,
Kinding! Kinding! Kinding!
Kindong! Kindong! Kindong!

Na daso di beginning,
Di beginning of di end,
The end of a leprous regime,
The demise of a cancerous polity,
Today na today,
Shakara na shakara!
Toyi! Toyi!
Waka! Waka!
Marchez! Marchez!
Gudu! Gudu!
Come on! Come on!
Hia! Hia! Hia!
Huruje! Huruje! Huruje!

Fear not broda,
Tremble not sista,
Falter no kontri pipo,
We go overcome!
Groong! Groong! Groong!

Today,
We go meng favoritism!
Aujourd'hui,
Nous allons tuer le népotisme!
Lah,
Bah boh yee tribalism!
Yao,za me keshe ethinicism!

Today cronyism must die!
Today, corruption must go!
Today, tchoko must meng!
Aujourd'hui, we go kill man know man!

Kill ghost political parties,
Kill election fraudulence,
Kill bribery and corruption,
Meng lie-lie tok,
Meng President-for–life,
Meng Clando katika for Ngola!

Oya! Oya! Oya!
Kill'am! Kill'am! Kill'am!
Toyi! Toyi!
Waka! Waka!
Marchez! Marchez!
Gudu! Gudu!
Come on! Come on!
Hia! Hia! Hia!
Huruje! Huruje! Huruje!

Liberty, eh, eh!
Liberty eh, eh, eh, eh!
All-powerful God, ah ah!
Liberté, oh, oh!
Liberté ,oh, oh, oh, oh!
All-powerful God, ah ah!

Small taim we go be free pipo!
Sing Kum-Kum Massa!
Oh! Kum-Kum!

H-u-r-u-j-e!

Small pikin,
Oh! Kum-Kum!
Youa taim dung come!
Oh! Kum-Kum!
H-u-r-u-j-e!

Woman pikin,
Oh! Kum-Kum!
Big, big *ngondere*/
Oh! Kum-Kum!
Small, small *ngondere*/
Oh! Kum-Kum!
Mek man no run,
Oh! Kum-Kum!

Mek man no forget yi cutlass,
Oh! Kum-Kum!
N'oubliez pas les coupe-coupes,
Oh! Kum-Kum!
Mek man no forget spear,
Oh! Kum-Kum!
Bi meuh lehneuh yeuh feh,
Oh! Kum-Kum!

Wuna mimba wuna sofri,
Oh! Kum-Kum!
Pensez aux houes,
Oh! Kum-Kum!
Kada ku manta fartanya,
Oh! Kum-Kum!
Pensez aux carquois,

Oh! Kum-Kum!
Mek man no forget yi bow wit arrow,
Oh! Kum-Kum!
Wuna mimba knife,
Oh! Kum-Kum!

Toyi! Toyi!
Waka! Waka!
Marchez! Marchez!
Gudu! Gudu!
Come on! come on!
Hia! Hia! Hia!
Shakara na shakara!
Katcham! Katcham! Katcham!

Tobassi

Taim wey we be tchotchoro,
Ma mami be di tell me sei,
Man pikin trong na for yi beleh.
Yi be tok sei,
Woman wey yi wan mek yi massa lek yi plenti,
Da woman must cook fain fain chop,
Gi'am for yi massa, mek massa lek yi.
Mami be sei,
Fain chop na melecin for lek.

Just now,
Fashion dung change!
Woman wan sei mek
Yi massa lek yi,
Yi di daso go nye Pa Magan,
Yi tek tobassi come put'am
For massa yi dammer
Taim wey massa dung wack da dammer,
Yi go lef yi beleh climb for yi head,
Massa go loss yi head!

Massa wey yi dung dammer tobassi,
Dei daso like dog:
Soso waka for nyango yi back.
Woman wan go lantrine,
Massa dei for yi back.
Yi wan go for njangi,
L'homme dei soso for yi back,
Titi wan mof foot go for farm,
Mola dei for yi back.

69

Ah! Ah! Dis kain ting dung pass all man.
Tobassi na helele-o!
Taim wei some mbout dem dung see'am so,
Dem go daso langua sei:
Massa,da tete keen yi nga-eh!
Dem no sabi sei na leaf di wok!
Dem no sabi sei na mbongo
Dong ton repe yi head, ah!
Tobassi na wawawa-o!

So now,
Mola,
Mbombo,
Tara,
Aboki,
Tiekeuneuh,
Mek wuna must lookot!
Taim wey you wan chop
Dammer wei youa nyango gee you,
Mek you must take eye nye popo.
If you nye sei di soup black
Like charcoal,
Mek you daso tonton,
Tell youa titi sei,
I no di ya hungry now,
I go come back before I chop.
Dis kain sense go helep you
Bekoz tobassi no di choose some man!

Poet Of Di Pipo

Mek I tori dis wan,
Mek wuna ya'ram well,well.
ME, I be na poet of di pipo.
Wheda you long like bamboo,
Or you short like barlok,
Poet of di pipo no get youa taim.

Na laugh!
Dis wan no be palava for show teeth!
If you tok nonsense,
Poet of di pipo go gee you!
Foreseka sei poet of di pipo
No get some man yi taim.

Poet of di pipo
Di tok daso yi turu tok,
If poet of the pipo ya lie-lie tok,
Yi go writ'am sei dis wan na wuru-wuru tok.
If yi ya correct tok,
Yi go writ'am sei dis wan na popo tok.
Na so poet of di pipo dei yi.

Poet of di pipo
No di chop for two pot.
If you tif,
Poet of di pipo go tok sei,
You be tif man.
If you di tok two tok,
Poet of di pipo go tok sei,
You di tok lie lie tok.

Na so poet of di pipo dei yi.
Yi no di fia yi some man.

If ngomna tif vote,
Poet of di pipo go tok sei,
Ngomna dung tif election.
Yi no go shut up yi mop.
No man no fit try
For shut up yi mop wit soya.
D'ailleurs sef, poet of di poet
No di chop yi soya!

Wheda you be djintete,
Or you be chargeur for Marché Mokolo,
Poet of di pipo no di knack hand for you!
Bekoz you no be dirty wey you fit fall for yi eye.
If you wan mek poet of di pipo carry youa kwah,
You must tok daso youa turu tok
Poet of di pipo badhart koni tok taim no dei!

If you sabi mek wayo,
Taim wey you nye poet of di pipo,
Mek you daso pick tokio jump for bush,
Foreseka sei poet of di pipo
No di choose some man!
Yi go daso take yi long crayon,
Yi écrire some big buk for youa head,
And da buk no go be na fain waka.
Na so poet of di pipo dei yi.
Oyibo dem di tok sei:
Poet of the people tells it as it is,
He couldn't care less whose ox is gored!
Ha, dis wan na buk sah!

So no,
All tif pipo dem for Ngola,
All lie-lie pipo dem for Yaoundé,
All koni pipo dem for Sangmelima,
All feyman dem for Douala,
All clando pipo dem for Bonamussadi,
All famla pipo dem for Medùmba,
All Essingam pipo dem for Mvomeka
Mek wuna sabi sei poet of di pipo
No di kop nye.
Wuna must lookot!
Foreseka sei poet of di pipo
No di keep bad ting for yi beleh
Bekoz poet of di pipo yi beleh
No be lantrine at all, at all!
Yi nye yi must langua,
Na so poet of di pipo dei yi.

Clando Republic

For we own kondre,
Clando dem plenti like shit!
Taxi wey yi no get pièces du véhicule,
Da mean sei buk for matoa no dei,
Yi di run na clando.
Da kain taxi dem fullup for Ngola.

But no be wuna sabi sei,
Clando no be daso matoa?
Man wei yi dung go for Bonamussadi
Go buy lie-lie degree
Da kain man na clando Bachelier.
Da mean sei yi be na allo
Bachelors Degree holder.
No be you sabi dem plenti for Ngola?
Sep, some kokobioko teacher dem na clando!
Some taim some wan dem dei
For inside youa sukulu sef.

Yas, tara no mek erreur.
Clando dem dei color by color for Cameroon.
We get clando teacher.
Some teacher wan go waka yi for Oyibo kontri,
Yi daso go fain clando teacher put'am for yi class
Mek yi begin mek lie-lie teach.

We get clando civil servant,
Civil servant wey yi dei for America
But yi di take moni for Ngomna for Cameroon!
We get sef Clando professor!

Yas, mbombo, clando professor dem fullup for Ambasonia.

Man wey yi dong go tif PhD dissertation
For England run go tonton defend'am for Australia,
Na popo clando professor!
No wanda, dem no fit write even one book.
Bekoz wata no dei for dem head!

Yas, mbombo,
We get clando mange-mille.
We get clando soja,
We get clando gendarme,
We get clando docta,
We get clando nurse.
Clando dei for Cameroon taim no dei.

Some taim be dei,
I check for ma head sei
Popo dis Republic of Cameroon sef
Na daso Clando Republic!
Yas, complice,
Election na clando,
Concours for ENAM, IRIC,ASMAC na clando,
GCE na clando,
Baccalauréat na clando,
University na clando,
Supreme court na clando,
Assemblée nationale,
Da mean sei,
National Assembly na clando,
Sef Grand Katita for Ngola na Clando!
Yas tara, I see sei you di shek youa head,
Popo président de la République du Cameroun

Na daso clando President!
First Lady na clando,
Ancien Akwara!
Yas, na we own Première Dame dat!
Bullshit!!!
Woman wey yi be dung wok ashawo sotai tire.
Clando na helele for Ongola-o!

I dung sit down I check dis palava so,
I sei beta we lef joke,
Tok na turu tok,
Beta we just change di name for we own kondre,
We begin call'am sei:
The Republic of Clando.
How you sef see dis palava?

No Way For Die

Wheda you go Ngoa-Ekelle,
Or you no go Ngoa,
I mimbo sei you must sabi
Some 'Genuine Intellectual' wey yi name
Na Professor Kitts Mbeboh,
Na Bangwa man, da pipo wey Camers
Dem di call'am sei 99 sense, ha!

Daso yesterday,
Dr Mbeboh begin waka sei,
Keum! Keum! Keum!
Wit yi own two foot for London.
Yi own wok be na cultural attaché
For di Republic of Clando for dei.

Today, dem sei yi di sleep
Na for inside Coffin!
Weti happen? Dem sei na yi own pikin sef sef
Take knife tchook yi sotai yi die na for die!
Dem sei da yi pikin yi name na Bezanchong Mbeboh.
Dem sei dis pikin enter yi papa yi room
Kill yi own repe wit knife!

My own pipo dem,
Oooh! Wuna be dung ya dis kain tori before?
No-ooo! No-ooo!
Yas, just now wuna dung ya'ram!
No be dream or some wuowuo dream.
Na daso turu-turu ting.
Dis wold dung cut rope!

How pikin go tek knife tchook
Yi own papa sotai yi meng?
Wusai dis wold di go?

Na which kain palava wey pikin
Go get'am wit yi repe wey dem
No fit sit down fix'am?
Sotai na knife di pass for inside?
Some ma mbombo for Texas dung ya
Dis palava sotai yi pass yi,
Yi tok for me sei,
"Buddy, this kind of stuff just blows my mind!"
Na yi I tell yi sei,
"Man, it blows my heart into pieces!"
You run die for upside
Come die for na youa own long?
Dis wold dung reeaallly jump fence!
Na some ma tara for Los Angeles be ya dis tori
Sotai yi tok sei:
A drop of your own liquid
Can be the cause of your demise."

Eeeh! Eeeh! Eeeh!
Di same wata wey yi commot
For Kitts Mbeboh yi bangala
Na yi dung take yi enter
For di 'land of no return'.
Satan trong taim no dei!

Wheda dis kain ting na God,
Or na wok for Devil,
Mek papa wit mama dem
Daso di mek prayer sei,

For sei mek Papa God gee you
Dis kain Mbeboh pikin, beta yi ton'am gee you
Na plenti corn mek you chop'am.
Aah, aah, barlok no fain
For man wei you sabi yi!

Pikin wey yi di mimba bad
For yi papa wit yi mami
Na daso barlok pikin!
Some tara for Madison
Dung ya dis palava sotai
Yi daso tok sei:
"May the soil be light
On Kitts Mbeboh's sepulcre."
I put ma mop for yi own I tok sei:
Amen! Amina!

Oh Barlok-o! Oh Barlok!
Oh Malheur-o! Oh Malheur-o!
Ho sorrow! Ho sorrow!

Sabga

Before before,
Dem be di call Sabga Hill sei,
Gainako Hill.
Dis gainako mean sei,
Tif man for langua for fulani pipo.
So no, Gainako Hill,
Mean sei tif pipo dem hill.

Wheti be mek dem di call di hill
Sei Gainako Hill?
Dem be call'am so bekoz
Na for Sabga wey all kain by kain kick pipo
Be di come hide before dem tif
Bororo pipo dem cow.

Today,
Sabga dung ton be na place for pala-pala
For Chop Pipo Dem Moni Party(CPDM)
Wit Social Democratic Front(SDF)party.
Ngomna put coal tar for road come reach for Sabga
Dem go daso lef'am,
Dem sei na SDF get Ngoketunjia!
Na yi I check for ma head sei dis Ngoketunjia
Dei na for Cameroon or na for Bakassi?

Ngomna open sukulu come reach for Sabga,
Dem go daso mof hand,
Dem sei na SDF get Ngoketunjia!
Eeh! Eeh! Dis palava dung tonton pass me!

Ngomna open new market come reach for Sabga,
Dem go daso lef'am,
Dem sei na SDF get hand for Ngoketunjia!
I mimba sei dis wa-a for CPDM wit SDF
Dung bring popo wahala
For ma own kontri pipo dem for Ngoketunjia!
Na some tete long crayon
Dung nye di palava so yi pass yi,
Yi knack some ndjim panapu sei:
"When two elephants fight,
It is the grass that suffers."

Na so Sabga dung be just now.
CPDM wit SDF dem di fight,
Na Ngoketunjia di ya bad!
We go do na how no?
On va faire même comment non?
Ba boh yi ka leung?
Za mu yi Yaya!

I daso di mek prayer sei mek dis
Foolish pala-pala finish quick quick
For di Republic of Clando.
If no be si, I fit daso tok
Sei we sit down na for ontop 'time bomb'!

Seven Kata

Kata na wheti sef?
Taim wey I be dei tchotchoro
For Batula quata for Bamunka,
Any taim wey ma mami tok sei mek
I go fain firewood for bush,
Wey dem go tek'am cook fufu
Wit njama njama soup,
I di daso tek ma kata
Put'am for ma kongolibon head
I jump for bush wit cutlass.

Kata di helelp plenti!
Taim wey you carry plenti kaku for youa head,
Kata di mek you no di ya bad.
Just now, kata dung ton be na ting
Wey some pipo di take'am go tif!
Some pipo dem dei for Cameroon,
Wey we di call dem sei 'Seven Kata'!
Dis 'Seven Kata' na pipo wey
Dem sabi tif sotai pass mark.

'Seven Kata' tif moni,
Dem tif chop,
Dem tif cloz,
'Seven kata' tif pass arata!
Dem tif corn,
Dem tif bip,
Dem tif groundnut for farm,
'Seven Kata' tif pass ngong dog!
Dem tif goat,

Dem tif swine,
Dem tif cow,
Dem tif fowl,
Dem tif sef pikin!
'Seven Kata' na barlok tif pipo!

Ah! Ah! Na which kain tif dis?
Yi dei like sei na some ting
Wey dem do'am na for do'am.
One day dis 'Seven Kata' dem be nye
Some oyibo yi moto wey yi dung keep'am
For corner road yi enter bush for shit.
Na yi wey dis 'Seven Kata', tif pipo,
Dem check for dem head sei beta dem tif da moto.
But dem no be sabi how wey dem go tif'am.
No wan man for inside dis 'Seven Kata'
Dem no sabi tuka moto.
So no, dem tanap for dei dem check dem head
Sotai some sense come enter for dem tif head.
Dem tok sei mek any man mek seven kata,
Yi put'am for yi head, hein!

Na yi wey any man jump for bush,
Yi cut dry banana leap
Yi mek seven kata yi put'am for yi head.
Dem ton back for da moto,
Oyibo dei daso for inside bush yi di shit.
Dem enter for las for da moto,
Dem begin try for jerk'am.
Dem begin for sing some song sei:
Huruje! Huruje! Huruje!
One taim go!
Huruje! Huruje! Huruje!

One taim go!

How wey dem di sing da song,
Dem di try for toot di moto put'am for dem head!
Taim wey oyibo dung ya da song,
Yi check for head sei wasmatter?
Wheti di pass for upside?
Na yi wey yi cut shit for yi las
Quick quick yi jump commot for bush
Wit prein-prein for yi hand.
Taim yi nye ten pipo wit seven kata
For dem head wey dem di try for toot yi moto,
Oyibo yi hart cut.

Yi cry sei,
"Holy cows! Holy shit!
Hands up every body!
If you move I shoot,
I shoot to kill!"
As yi tok so, yi di point yi tchavoum
For Seven Kata dem face.
Wandaful!
Some fia come calé dem,
Any man daso di shek
Like cocoyam leap inside dry season wind.

As dem di shek so,
Some Seven Kata cry sei:
We loss!Mek we pom!
One taim dem throway seven kata,
Dem jump for inside bush,
Run nine-ninety sotai go loss!
Oyibo mek sei: tstseuuuuh!

Yi put yi prein-prein back for yi kwah,
Yi jump for yi moto,
Vroum! Vroum! Vroum!
Na go yi dung go so.
From da day, all Camers dem di daso call
Da tif pipo sei:SEVEN KATA, TIF MOTO!
Dis tori for Seven Kata,
Fit mof pikin for woman yi beleh,
I di tell you!

Tchoko

Some sick dung come for Cameroon,
Yi bad sotai pass come no go,
Da sick dem di call'am sei tchoko.
Tchoko na popo come no go!

All Camers dem dung katch da sick!
Dem daso tchoko, soso tchoko!
Big man tchoko, small man tchoko!
Da sick trong sotai pass all pipo.

You wan put eye for youa dossier
For any office for Ongola,
Dem go sei mek you tchoko.
Tchoko na popo 'cancer' for Ongola-o!

You wan write concours
For enter big school,
Dem go sei mek you tchoko.
Tchoko na popo SIDA for Cameroon-o!

You wan put pikin for sukulu,
Sep small school,
Dem go sei mek you tchoko.
Tchoko na popo 'epidemic' for we own kontri-o!

Mbere-khaki stop moto for road,
Sep voiture personnelle, 'I drive myself',
Yi go daso sei mek driver tchoko,
Tchoko na popo 'pandemic' for Abakwa-o!

Woman wan born for hospita,
Sep for ngomna hospita,
Dem go daso tok sei mek yi tchoko.
Tchoko na popo AIDS for Nooremac-o!

Youa repe die,
You wan mof yi die body for mortuary,
Dem go sei mek you tchoko.
Tchoko na Sick Number One
For di Republic of Clando-o!

You go for fain wok,
Dem go sei mek you tchoko.
No wanda all man dei for Chômencam for Ngola-o!
Tchoko na wandaful sick-o!

You wan mek marred for Church,
Sep marred for Mairie,
Fada and Mayor go sei mek you tchoko.
Da sick dung katch all man-o!

Youa pikin wan tek baptism,
Pastor go sei mek you tchoko.
Yi dei like sei God for Ongola
Yi sef dung gring dis palava for tchoko!
Tchoko na popo kwashiokor for Cameroon-o!

How wey yi be so,
Wusai we go tek melecin
Before we mof dis bad sick dei?
Magan pipo for Oku,
Dung try yi pass dem.
Melecin pipo for Nyos,

Dung try yi pass dem.
Marabout dem for Adamawa,
Dung try yi pass dem.
Malam dem for Foumban,
Dung try wit gris-gris yi soso pass dem!

Mukala dem dung try wit white-man magan,
Yi daso pass dem.
Na yi wey 'Transparency International'
Dung vex sotai yi tok some gramma sei:
Cameroon is the Sick Man of Africa!
Woomoh! Woomoh! Woomoh! Barlok-eh!
Na which kain barlok tchoko sick dis- eh!
Yeee! Ein! Yeee! Ein! Yeee! Ein!

Deuxieme Bureau

Some day some man be dei
For long wit yi Nyango.
Dem di dammer.
Dem wan ya telephone hala:
Griiing! Griiing! Griiing!
Nyango jump for table yi go pick phone
Yi amsa sei:'Hallo who is on the line?'

Na yi wei some titi amsa sei: na me Matalina!
Ah! Ah! Dis palava dung pass Nyango.
Yi daso tie hart yi ax'am sei:
You wan tok na for who?
Titi sei: I wan tok na for youa massa.

Eh! Eh! Na which kain ting dis?
Lef small mek Nyango get 'fainting sick'.
Yi soso tie hart, yi axe Matalina sei:
"What business do you have with my husband?"
Just now, yi dung ton be na palava for Gramma!

Matalina sei:"The business I have
With your husband is that I'm
his deuxième bureau!"
Heme! Heme! Heme!
Dis à tout casser tok yi pass Nyango.
Yi tok for Matalina sei:"Hold on!"
Nyango be cover phone wit yi right hand,
Yi put mop for yi massa yi ear yi tok sei:
Na youa disame buro wan tok for you.

Taim we massa dung ya dis tori,
Yi be sabi one taim sei na yi njumba dei for phone.
Yi lef daso small mek yi too katch 'fainting sick'.
Yi begin shek like sei na fever dung katch yi.
Shweat begin commot for yi skin like River Mungo.

Nyango dung nye di palava sotai yi pass yi,
Yi ton back for phone yi knack some gramma for
Matalina sei: " My husband is not available now!"
Juaaa! Yi dung knack phone for grong.

How wei Matalina be dung wait sotai
Yi skin begin hot, yi be tok wit vex for Njango sei:
"Tell him that his girlfriend called!"
Eh Maleh! Oh Maleh!
Matter approve himself!
From da day Nyango sabi sei:
Dis deuxième bureau"palava
Na daso njumba palava.
One taim he start pack yi kaku for commot marred.

So for las heure,
All Mola dem,
All massa dem,
All Mbo'oko dem,
All san-san boy dem,
All nkwankanda dem,
All ashawo manpikin dem,
All akwara husband dem,
Mek wuna sabi sei dis secret
For deuxième bureau no be secret any more!
Na some ma mbombo for Loum be tok sei:
Le secret est dehors!

So no,
All nyango dem,
All titi dem,
All njumba dem,
All small ting dem for quat,
All missus dem,
All marred woman dem,
Me, I di langua wuna sei,
Mek wuna no mek erreur,
Bekoz erreur for mbutuku,
Na dammer for ndoss!
Taim wey massa sei,
I di go for ma deuxième bureau,
Mek wuna no check sei yi di go na for wok,
Wusai! Na kanda yi di go knack'am!
Some titi dei some secteur di wait massa.
Mek wuna put dis tori fain fain for wuna tête!
Na so dis tori for deuxième bureau dei for up-kontri.

Glossary

A

Abi?	not so?
Aff	affair, business, goods
Ala	other, another
Allo	lie, lying
Afta	after
Akwara	prostitute, street girl,whore
Amor	love
Amour	love
Amsa	answer
Anyday	everyday
Anyman	everyone
Arata	rat, mouse
Ashawo	prostitute, street girl, whore
Aschouka ngangali!	Serves you right!
Autocentré	self-reliant
Axe	ask

B

Ba-hat	ill-will
Bah	we
Banda	ceiling
Bangala	penis, male genital organs
Banja	back
Baratiner	to chat up,to sweet talk
Barawo	thief
Barlok	bad luck
Bayam sellam	women who retail foodstuff
Beans	vagina
Beleh	belly,stomach
Bendskin	motorcycle
Bendskinneur	bendskin driver
Bep-bep	bragging

Beta	better, it's preferable
Bip	animal, beef, meat
Bita	bitter
Bo'o	friend
Borrow'am	borrow it
Botro	bottle
Boulot	job, work
Boutique	shop, store
Broda	brother
Broke	break
Buon giorno	good morning
Buk	book, studies, education
Bury'am	bury it,bury him/her
Bury grong	cemetery, grave-yard
Bus	but

C

Cache-manger	vagina, sexual organs of a woman
Ça gâte	out of hand
Calé	catch
Calé-calé	raid
Caleçon	underwear
Call'am	call it
Call buk	read, reading
Camers	Cameroonians
Cameroonese	Cameroonian turns of phrase
Camerounisme	Cameroonian way of speaking
Camerounais	Cameroonian lingo
Capitaine	Army captain
Capo	Important person, friend
C'est le comble	it's the last straw
Chakara	disorder, chaos
Chargeur	loader
Chemise	shirt
Chess	chest
Chômencam	unemployment in Cameroon

Chop	eat, food
Chop-life	playboy life style
Clando	illegal, fake
Come-no-go	disease that causes the body to itch
Commissaire	superintendent of police
Complice	friend, accomplice
Compresser	to lay off a worker
Cosh	insult
Coupeur de route	highway robber
Coup de tête	nod
Craze	mad, madness,drunk
Cring	clear, become intelligent
Crish	drunk, mad

D

D'ailleurs	by the way
Dammer	cooked food, eat
Daso	still, continue, only
Député	Member of Parliament
Deuxième bureau	mistress, girlfriend
Développement	development
Da	that,
Dei	is, are
Di	does
Diba	water
Dieu	God
Dios	God
njambo	gambling, lottery, game of chance
Djim-djim	very big, huge
Djintete	big shot
Dobroye utro!	Good morning! Hello!
Docta	doctor, herbalist
Dung	has, have
Dong	down, below, low, has, have, rank and file

Doormot	door, threshold
Dross	underwear

E

Ecrire	to write
Ecole	school
Economie	economy
Es	is
Escuela	school

F

Facking	fucking
Fain	search,good
Fambru	family
Famla	witchcraft
Fartanya	hoe
Feyman	conman
Feymania	underhand deals of conmen
Fia	fear
Foiré	broke
Forget'am	forget it
Forseka	because, on account of
Fransi	French language
Frutambo	deer
Fullup	full of, several

G

Gata	prison, cell
Gee	give
Get'am	get it, has it, have it
Gist	tell
God morgon!	Good morning! Hello!
Gomna	government
Goûter	to taste
Gramma	European language, grammar
Grandpikin	grand child
Gra-gra	commotion, disorder

Grand frère	big brother
Gring	agree, accept
Gris-gris	witchcraft, gris-gris
Grong	ground
Gudu	run
Guten morgen!	Good morning! Hello!

H

Hala	ring, sound
Half-book	semi-literate person
Hart	heart
Haya-haya	haste, hurry
Helep	help
Hia	here
Hide'am	hide it
Hip	contribute
Hola!	Hello!
Homme	man
Hope eye	intimidation
Hose	house, residence
Hospita	hospital, clinic

I

Individu(s)	Individual(s)

J

Jalopi	car
Jam	crash into
Jandre	rich
Juju	something frigtful, masquerade
Jupe	skirt

K

Kain	type, sort
Kain by kain	all kinds, all sorts
Kajere	very short person

Kaku	property, wealth
Kanas	testicules, male genital organs
kanda	cowhide, sexual organs
kangwa	limestone
Kata	catarrh, pad
Katch	catch
Katch'am	catch him/her/it
Katika	big shot, big man, leader
Kelen-kelen	sticky soup
Kick	steal, rob
Kick man	thief
Klark	bank teller
Knack	knock,hit, worry
Knack kanda	have sex
Knack mop	argue
Kokobioko	mushroom,fake,pseudo
Kombi	friend
Kondition	condition
Kondre	country, fatherland, village
Kongolibon	clean-shaven
Kongossa	gossip
Kontri	country, fatherland, village
Kop nye	close one's eyes, ignore, turn a blind eye
Kujera	chair,seat
Kunya-kunya	slowly, one step at a time
Kwah	bag, pocket, purse, hand bag
Kwara-kwara	Mat woven out of bamboo pith

L

Lah	today
Land	learn, teach
Langa	greed, cupidity, covetousness
Langua	language, speak, say, tell
Las	buttocks, anus, bottom, vagina,last

Last heure	In the nick of time, last moment
Leap	leaf
Lef	leave, let
Lele	really
Lep	stay behind
Leuh	thief
Lie-lie	lies, fake, sham, make-believe
Lobola	bride price
Lock'am	lock it/him/her
Long	house, home, residence
Longo-longo	tall slim person
Lookot!	Beware! Watch out! Be careful!

M

Magan	witchcraft, traditional medicine
Magana	story, talk,message
Mairie	mayor's office, city office
Majunga	alcoholic drink
Makaranta	school
Mami wata	water spirit, mermaid
Manawa-a	wasp
Mange-mille	corrupt police-man (esp in Cameroon)
Man-pikin	man, male, boy
Marché	market
Marché des femmes	women's market
Marché Mokolo	Mokolo market
Marred	marry, married, marriage
Mash'am	step on, trample on
Massa	master, husband
Matango	palm wine
Matoa	car ,vehicle
Matta	matter, issue
Mbambe	blue-color job; blue-color worker
Mbere-khaki	police-man, cop
Mbock	whore, prostitute
Mboma	boa constrictor, big
Mbombo	friend

Mbo'oko	rascal
Mboti	clothes, outfit
Mbu	liquor
Mburu	Money
Mbutuku	fool,idiocy, silly person
Meetup	meet with, catch up with
Megan/magan	witchcraft
Melecin	medicine, drugs
Même	even
Meng	kill, die
Meself	myself
Metosh	half-breed, metis, mixed
Milliardaire	multi-millionaire
Mimba	remember
Mimbo	alcoholic drink
Mimbo-man	drunk, drunkard
Miondo	cooked cassava paste wrapped in leaves
Moh	good
Molo-molo	very gently
Moni	money
Moralité	morality, moral rectitude
Moto	car, vehicle
Motoh	ill-luck, mishap, misfortune
Mouf	remove, abort, piss off, get out
Mouf'am	(re)move it, take out
Mop	mouth
Moumie	young (unmarried) girl
Mou-mou	deaf and dumb, stupid
Moukoussa	widow
Moyo	in-law
Mu	we, us
Mukala	white man, European
Mukanjo	coastal fish
Mumu	deaf and dumb, fool

N

Na	is,are,it's , and
Nang	sleep
Nangaboko	pass the night out of one's home
Nansara	whites, Europeans
Nansarawa	whites, Europeans
Nating	nothing
Nayo-nayo	very gently, very slowly
Ndengwe	work hard, toil
Ndinga	Guitar
Ndjindja	tough,hard,difficult
Ndoh	money
Ndok	act of begging
Ndomo	beat
Ndong	sorcery, traditional medecine
Ndoss	witty person
Ndoutou	ill-luck, mishap, misfortune
Nebo	neighbor
Nga	young girl, girl friend
Ngeuh	suffering, frustration
Ngomna	government
Njama-njama	huckle-berry
Njangi	meeting, association, thrift society
Njianwoneuh	school
Njoh	free of charge, for free
Njock-massi	forced labor, hard labor
Njumba	boyfriend, girlfriend
Nkap	money
Nkeuh	love
Noh	is
Ntumbu	maggot
Nyama-nyama	very small
Nyango	woman, wife
Nyas	buttocks, sexual organs
Nyi	God
Nyoxer	have sex

O

Odontol	locally brewed liquor
O Káàro!	Good morning!
Okrika	used clothes, second-hand clothes
Okro	okra
One	once
Ongolais	Cameroonian
Opportune	opportunity
Oya	come on!
Oyibo	white man

P

Pala-pala	wrestling
Palais	palace
Palava	palaver, matter, issue
Pamanent	permanent
Panapou	parable, proverb, idiom, wise saying
Pantalon	trousers
Paplé	mad, insane
Parole	talk, message
Patron	boss
Penya-penya	brand new
Pepe	pepper
Petit	small
Petit frère	small brother
Pikin	child, kid, baby
Pipo	people
Planton	subaltern, orderly, office boy
Plat	dish, plate
Policier	police man
Politik	politics
Popo	very, real, proper
Pousse-pousse	wheelcart
Pousse-pousseur	wheelcart pusher
Pouvoir	power
Prein-prein	gun
Pussy	cat

Put hand	arrest

Q
Quata	neighborhood, quarter
Quoi	what

R
Rese	sister
Rigueur	rigor
Redressement économique	economic recovery

S
Sabi	know
Saka	dance
Sans-Confiance Bata	rubber slippers
San-san boy	smart boy, young lad
Sango	man, husband
Sanja	clothes, outfit, loincloth
Sans galons	police-constable
Sap	wear, dress up
Sauveteur	retailer of goods, hawker
Secteur	sector, neighborhood
Sei	that
Sell'am	sell it, sell them
Sep	even
Sharp sharp	early
Shweat	sweat, transpiration
Shweep	sweep, clean
Shweet	sweet, interesting
Shumbu	idiot, fool
Sissia	threat(s)
Sleep'am	sleep with, have sex with
So-so	only, nothing but
So-so-na	So and So, such and such
Sote	till, until
Stick	tree, wood

Suffa	suffering, hardship
Sukulu	School
Souler	drink, get drunk

T

Take'am	take it
Tanap	stand
Tara	friend
Tcha	arrest
Tchapia	cut down grass (on a farm)
Tchat	chat
Tchater	to chat up, to sweet talk
Tchavoum	dane gun
Tchoko	give a bribe
Tchong	thief
Tchook	pierce, stab, put
Tchotchoro	kids, babies
Tête	man, person
Tête for long crayon	intellectual, scholar
Throway	throw it, discard, send it
Tif	Steal, rob, embezzle
Tis	taste
Tisam	taste it
Titi	girl, woman
Tok	Native tongue, indigenous language, speak
Tok'am	say it
Toum	sell
Toot	carry
Tori	story, tale, news
Toroki	tortoise
Tout neuf	brand new
Tribunal	court, tribunal
Trosa	trousers, pants
Tuer	to kill
Ton	become
Tonton	to be cunning

| Turu-turu | really, truly |

U

Upkontri	at home
Upside	outside
Umhlala gahlé	Good morning! Hello!

V

Vendeur à la sauvette	hawker
Vient	come
Vieux capable	experienced old man
Voleur	thief
Voum	bragging, boasting

W

Waa	war
Wack	eat, food
Wahala	suffering
waka	visit, walk
wamful	harmful
wan	want, one
Wanda	wonder
Wandaful	wonderful
Wata	water
Weh-weh!	Exclamation
Wheti	what
Wey	which, who, that
Wit	with
Witch	witch, wizard
Wok	work, job
Wold	world
Woman-pikin	girl, female, woman
Wowoh	bad, not nasty
Wolowoss	prostitute, harlot, whore
Wou	who
Wuna	you
Wuo-wuo	bad, nasty

| Wuru-wuru | tricksterism, wheeling and dealing |
| Wusai | where is, where are |

Y

Ya	hear
Yang	buy
Yao	today
Ya'ram	hear it
Yee	kill
Yeye	rascal, good-for-nothing
Yi	he, she, it
Youa	your
Youself	yourself

Z

| Za | we'll |

Notes

---

[1] No time to rest; our days are numbered.

Printed in the United States
By Bookmasters